Bibliografische Information der Deutschen Nationalbibliothek:

Die Deutsche Bibliothek verzeichnet diese Publikation in der Deutschen National-
bibliografie; detaillierte bibliografische Daten sind im Internet über http://dnb.d-
nb.de/ abrufbar.

Impressum:

Copyright © 2009 GRIN Verlag, Open Publishing GmbH
Druck und Bindung: Books on Demand GmbH, Norderstedt Germany
ISBN: 978-3-640-42117-6

Dieses Buch bei GRIN:

http://www.grin.com/de/e-book/134564/bestehende-und-diskutierte-werbeverbote-
deren-problematik-und-folgen-fuer

Jacqueline Meier

Bestehende und diskutierte Werbeverbote, deren Problematik und Folgen für die Medien

GRIN Verlag

Titel der Veranstaltung: Im Interesse der Zeitung – Herausforderungen der Medienpolitik

Hausarbeit

im Fernstudiengang „Kultur- und Medienmanagement"

am Institut KMM Hamburg

Thema:

Werbeverbote: bestehende und diskutierte Werbeverbote und deren Problematik und Folgen für die Medien

vorgelegt von: Jacqueline Meier

Inhaltsverzeichnis

1 Vorwort

So lange es Werbung gibt, wird diese auch diskutiert. Die Regierungen – sowohl national, als auch EU-weit sind bestrebt, den Verbraucher davor zu schützen durch den Einfluss von Werbung falsche Schlussfolgerungen zu ziehen und dadurch Schaden zu nehmen. Doch im Laufe der Zeit werden durch die Gesetze immer mehr Branchen eingeschränkt. Teilweise hat dies positive Auswirkungen zumeist jedoch bringt das eine Menge Nachteile mit sich. In dieser Arbeit werden einmal mehr einige bestehende und diskutierte Werbeverbote und -einschränkungen aufgezeigt und deren Auswirkungen sowohl auf die Medien, als auch auf die allgemeine Wirtschaft beleuchtet. Einige dieser Verbote und Einschränkungen sind dabei auf Deutschland beschränkt, andere gelten in der gesamten EU. Doch jedes Land ist selbst für die Gesetzgebung und auch für solche Einschränkungen verantwortlich.

2 Bestehende Werbeverbote und -einschränkungen und Gründe dafür

Ein allgemeines Gesetz zur Beschränkung von Werbung oder ein allgemeines Werberecht besteht weder in Deutschland, noch in Europa. Daher hat der Zentralverband der Deutschen Werbewirtschaft den Deutschen Werberat als Organ gegründet, welcher sich zuständig fühlt zu kontrollieren, dass bestehende Regelungen, werberechtliche Vorschriften, allgemeine Gesetze und Sitte, Anstand und Moral der Gesellschaft eingehalten werden. Wenn jemand das Gefühl hat, dass eine Werbung gegen diese verstößt, kann er sich an den Werberat wenden und dieser untersucht die Anschuldigungen. Sind diese berechtigt, sorgt der Werberat für die Änderung oder Einstellung der Werbung. Sind diese allerdings unberechtigt, stellt er sich auch schützend vor die werbende Firma. Somit wirkt der Deutsche Werberat wie eine Art Schiedsrichter bei derartigen Streitigkeiten.

Zu den Gesetzen, die dabei zu beachten sind, gehören unter anderem:

- *das Gesetz gegen den unlauteren Wettbewerb (UWG)*
- *die Zugabeverordnung*
- *das Gesetzt über Preisnachlässe (Rabattgesetz)*
- *die Preisangabenverordnung (PangV)*
- *das Gesetz über den Verkehr mit Arzneimitteln (AMG)*

- *Gesetz über den Verkehr mit Lebensmitteln, Tabakerzeugnissen. kosmetischen Mitteln und sonstigen Bedarfgegenständen (LMBG)*
- *Heilmittelwerbegesetz*
- *Gesetz über den Widerruf von Haustürgeschäften und ähnlichen Geschäften*
- *Gesetz über Wettbewerbsbeschränkungen*
- *Gesetz über den Schutz von Marken und sonstigen Kennzeichen*
- *Richtlinie des Rates der Europäischen Gemeinschaft über irreführende und vergleichende Werbung*
- *Urheberrechtsgesetz (UrhG)*
- *Geschmacksmustergesetz*
- *Gebrauchsmustergesetz*[1]

Doch auch einige Staatsverträge wie den Rundfunkstaatsvertrag, den Glücksspielstaatsvertrag, und weitere. Allgemein haben diese Gesetze, Regelungen u.s.w. zum Ziel, den Verbraucher zu schützen.

2.1 Tabak und Tabakerzeugnisse

Am 29. Dezember 2006 ist das nationale Gesetz zum Verbot der Tabakwerbung in Kraft getreten.[2] Dieses Gesetz folgt aus der fast originalen Übernahme der EU-Tabakwerberichtlinie.

Für Tabak zu werben ist laut Gesetz noch nicht generell verboten, aber mittlerweile darf dafür nicht nur keine Werbung in Fernsehen und Radio betrieben werden, sondern auch in Printmedien und dem Internet. Somit sind derzeitig die einzigen Werbekanäle für Tabakwaren Plakat- und Kinowerbung und Beiträge in „Fachzeitschriften" die Tabakerzeugnisse betreffen. Ein Werbeverbot für Tabakwaren ist wohl allen Menschen am plausibelsten, da allgemein angenommen wird, dass der Genuss von Tabak schnell zur Abhängigkeit, zu starken Gesundheitsschäden bis zum Tode führen kann.

2.2 Heilmittel, Ärzte und Schönheitsoperationen

Da der verantwortungsvolle Umgang der Gesundheit sehr wichtig ist, ist die Werbung mit Heilmitteln, Operationen und Medikamenten und Derartigem sogar in einem speziellen Gesetz geregelt – dem Heilmittelwerbegesetz. Dieses legt unter anderem fest, in-

---

[1] Seebohn, Joachim: Gabler Kompakt-Lexikon Werbepraxis, 3. Auflage, Wiesbaden 2005, S. 237 f.

[2] http://www.zaw.de/index.php?menuid=80

wieweit für *Arzneimittel*[3], *Medizinprodukte*[4] und unter anderem *Verfahren, Behandlungen [...] zur Beseitigung oder Linderung von Krankheiten [...]*[5] geworben werden darf. Es sagt unter anderem aus, dass Ärzte nur unter bestimmten Bedingungen und nur in Fachkreisen werben dürfen. Auch ist es in Deutschland nicht erlaubt für verschreibungspflichtige Medikamente Werbung zu betreiben.

Das Gesetz ist vor allem zum Schutz der Gesundheit erlassen worden. Angesichts der Gesundheitsreformen, die Verschreibungsmöglichkeiten einiger Medikamente einschränken, neigen einige Menschen dazu sich selbst zu medikamentieren, was zu schweren Neben- und Wechselwirkungen führen kann. Dies soll verhindert werden, indem jeder Medikamentenwerbung der Zusatz *„Zu Risiken und Nebenwirkungen lesen sie die Packungsbeilage und fragen sie ihren Arzt oder Apotheker"*[6] beigefügt sein muss. Ich denke derartige Reglementierungen sind sehr wichtig, da hier mit teilweise sehr gesundheitsgefährdenden Sachverhalten umgegangen wird.

2.3 Automobile

Automobilwerbung ist national in Deutschland nicht verboten oder beschränkt wird aber durch die *EU-Richtlinie über die Bereitstellung von Verbraucherinformationen über den Kraftstoffverbrauch und CO_2-Emissionen beim Marketing für neue Personenkraftwagen (RL 1999/94/EG)*[7] geregelt. Diese zwingt Automobilhersteller zur Darstellung der CO_2-Emmissionen und des Kraftstoffverbrauches in der gleichen Größe wie die Hauptwerbeaussage. Diese Beschränkung soll dazu führen, dass die Verbraucher eher umweltfreundliche Autos kaufen.

2.4 Glücksspiel

Der Staatsvertrag zum Glücksspielwesen in Deutschland regelt den Umgang mit Glücksspielen in Deutschland. Der §5 betrifft dabei die Werbung und weist unter anderem nochmals darauf hin, dass Werbung für Glücksspiele im Fernsehen laut §§ 7 und 8 des Rundfunkstaatsvertrages schon verboten ist und schränkt auch weiterhin die Werbung in Internet und über Telekommunikationsanlagen ein.

---

[3] HWG §1 (1) 1.

[4] ebd. §1 (1) 2.

[5] ebd. §1 (1) 3.

[6] ebd. §4 (3)

[7] http://www.zaw.de/index.php?menuid=107, 10.05.2009, 13.48 Uhr

Ziel des Glücksspielstaatsvertrages ist in erster Linie *das Entstehen von Glücksspielsucht und Wettsucht zu verhindern*[8].

2.5 Finanzdienstleistungen

Ähnlich dem Werbeverbot für Glücksspiele soll hierbei der Verbraucher vor finanziellem Schaden geschützt werden. Dabei ist speziell die Bewerbung von Verbraucherkrediten in Augenschein gefasst worden. Um die Bevölkerung vor Überschuldung zu schützen, wurde festgelegt, dass nicht nur mit sehr günstige Zinsen, sondern den kompletten Kosten eines Kredites geworben werden muss. Oft stehen diese nur im „Kleingedruckten", doch so werden so genannte „Lockvogelangebote" unterbunden.

3 Diskutierte Werbeverbote und -einschränkungen

3.1 Tabak und Tabakerzeugnisse

Auch wenn die EU-Tabakwerberichtlinie die Werbung für Tabak sehr stark einschränkt, für Plakat- und Kinowerbung konnte die EU keine Vorschriften festsetzen, da diese nicht grenzüberschreitend sind. Hier ist allerdings auf nationaler Ebene derzeitig auch ein generelles Verbot für Plakatwerbung und im Kino vor 20 Uhr im Gespräch. Sollten auch diese Werbekanäle verboten werden, würden alle für Tabak übrigen Werbemöglichkeiten auch noch beschränkt werden.

Doch auch wie bei der Werbung mit Heilmitteln und ähnlichem sollte meiner Meinung nach in diesem Falle wirklich als Hauptfaktor betrachtet werden, dass hier mit der Gesundheit der Menschen Wirtschaft betrieben wird.

3.2 Alkohol

Noch besteht kein generelles Alkohol-Werbeverbot, auch nicht für bestimmte Medien. Laut EU-„Fernsehrichtlinie" ist nur festgelegt, *Audiovisuelle kommerzielle Kommunikation für alkoholische Getränke darf nicht speziell an Minderjährige gerichtet sein und darf nicht den übermäßigen Genuss solcher Getränke fördern.*[9]

---

[8] Staatsvertrag zum Glücksspielwesen in Deutschland, §1 Absatz 1.

[9] http://eur-lex.europa.eu/LexUriServ/LexUriServ.do?uri=OJ:L:2007:332:0027:0045:DE:PDF,

Allerdings hat der Deutsche Werberat in Zusammenarbeit mit seinen Mitgliedern, zu denen unter anderem auch die Alkoholwirtschaft und Medien gehören, neue Verhaltensregeln zur Bewerbung von Alkohol aufgestellt, die seit 1.4.2009 gelten.[10]

Im Angesicht der sich häufenden Nachrichten in den letzten Jahren, bezüglich „Komasaufender" Jugendlicher, ist eine solche Regelung sehr angebracht, bei der die Werbung für Alkohol im Zusammenhang mit Kindern und Jugendlichen nun klar festgelegt ist. Es stellt sich mir allerdings die Frage, ob ein solches Werbeverbot überhaupt diskutiert werden muss – oder ob es nicht selbstverständlich ist, dass Werbung für Alkohol unangebracht ist. Andererseits ist auch unklar, in welchem Maße die Werbung zu solchen Nachrichten beigetragen hat. Oder ist es fehlende Erziehung und Kontrolle beim Verkauf der Alkoholika?

3.3 Süßigkeiten / Fettleibigkeit fördernde Lebensmittel

Im Zuge der Gesundheitsreform fordern die Grünen ein Werbeverbot für Süßigkeiten.[11] Sie wollen damit erreichen, dass weniger Gesundheitsschäden durch übermäßigen Süßigkeitenkonsum entstehen. Auch die EU-Generaldirektion Gesundheit und Verbraucherschutz und die Weltgesundheitsorganisation fordern, dass Werbung für ungesunde Lebensmittel eingeschränkt werden soll, vor allem wenn sie sich an Kinder richtet. Fraglich ist hierbei jedoch, wer entscheiden soll, welche Lebensmittel ungesund sind und welche nicht – dass Süßigkeiten darunter fallen ist recht eindeutig, doch wo ist die Grenze zu ziehen? Ist jeder Joghurt auch automatisch gesund – auch wenn er zu viel Zucker enthält? Um hier eindeutig festlegen zu können, wer werben darf und in welchem Umfang, müsste jedes Lebensmittel untersucht werden oder möglicherweise für jedes neue Lebensmittel ein Antrag beim Gesundheitsamt gestellt werden, dass dafür geworben werden darf.

Ich denke das geht doch wirklich zu weit. Hier wäre meiner Meinung nach auch eine Einschränkung im Sinne von besserer Information an die Konsumenten eine geeignete Maßnahme. Doch muss diese nicht nur in der Werbung erfolgen sondern vor allem direkt am Point of Sale – auf den Produktverpackungen.

---

[10] http://www.fachverbandwerbung.at/de-service-werbebeschraenkungen.shtml#alkoholneu,

[11] http://www.welt.de/politik/article2143690/Gruene_fordert_Werbeverbot_fuer_Suessigkeiten_im_TV.html, 15.05.2009, 18.36 Uhr

3.4 Automobile

Zusätzlich zu den schon bestehenden Einschränkungen in der Automobilwerbung wird schon seit 2007 diskutiert, dass die Werbung für Automobile insofern eingeschränkt werden sollte, dass nicht mehr für Sportlichkeit und Dynamik geworben werden darf, sondern dass durch umfangreiche Maßnahmen die Menschen dazu getrieben werden sollen, umweltfreundlichere und schadstoffärmere Autos zu kaufen. So soll zum Beispiel eingeführt werden, dass 20 % der Werbefläche für die in Punkt 1.3 bereits genannten Informationen zur Verfügung gestellt werden müssen. Diese Diskussionen liegen derzeitig aber „auf Eis" und werden vermutlich nach den Wahlen zum Europaparlament dieses Jahr wieder aufgenommen.

Fraglich bei solchen Werbebeschränkungen ist tatsächlich, ob die Entscheidungen der Autokäufer bezüglich der besagten Informationen stark von der Werbung beeinflusst werden, oder ob nicht doch jeder Mensch sein Auto beispielsweise seinem Typ entsprechend auswählt.

Meiner Meinung nach wird sich ein „Macho" nicht auf Grund der Werbung umstimmen lassen keinen „Ferrari" zu kaufen und dann einen „Ford KA" zu fahren. Denn die Entscheidung welches Auto ein Mensch fährt hängt ja nicht allein von der Werbung ab.

4 Probleme und Folgen

Probleme aus Werbeeinschränkungen und -verboten entstehen nicht nur für die betroffenen Branchen, welche nicht mehr werben dürfen, sondern auch für die Medien, in denen nicht mehr geworben wird und dementsprechend auch für alle Branchen, die mit diesen Branchen verbunden sind, wie z.B. Zulieferer.

4.1 Auswirkungen von Werbeeinschränkungen

Werbeeinschränkungen sind zumeist nicht ganz so hart zu werten, wie generelle Werbeverbote, haben aber auch drastische Folgen.

Am Beispiel der Einschränkung von Automobilwerbung kann einerseits die Folge für die Automobilhersteller gesehen werden, dass sie ihre Werbung nun größer gestalten müssen um die gleiche Wirksamkeit zu erreichen. Dies hätte für die Hersteller die negative Auswirkung, dass sie nun mehr für Werbung zahlen müssen als vorher, obwohl diese nicht teurer geworden ist. Dies wiederum wäre für die Medien eine gute Auswirkung, denn diese würden mehr Einnahmen aus dieser Automobilwerbung haben.Andererseits könnten die Automobilhersteller auch, weil sie sich keine größere Werbung leisten können, diese in der Menge einschränken – dafür dann seltener aber größer schalten. Das hätte auf die Medien nur bedingt Auswirkungen, denn so würden sich einzelne Ausgaben (z.B. von Zeitungen) schlechter finanzieren als andere.

Die ungünstigste Variante wäre allerdings, dass die Automobilhersteller dann die Werbung ganz einstellen, weil sie keine Wirksamkeit in der Werbung mehr sehen. Das käme für die Medien und deren Zulieferer dann einem Werbeverbot gleich.

4.2 Auswirkungen von Werbeverboten – Für die Medien

Die Medien selbst – ob Print, TV, Radio oder auch digitale Medien – haben und werden auch zukünftig durch diese Werbeeinschränkungen und Werbeverbote verstärkt finanzielle Einbußen bekommen. Nicht, dass die Unternehmen keine Werbung mehr treiben wollen oder können, sie dürfen es dann auch nicht mehr.

Diese Einbußen wird der Verbraucher dann in Quantität und Qualität des Services der Medien zu spüren bekommen. Schon in den letzten Jahren war eine starke Einschränkung der Nachrichtensendungen bei einigen privaten Fernsehsendern zu beobachten. Auch die Qualität der Informationen lässt immer mehr zu wünschen übrig. Denn die Sender können leider einfach die Redakteure nicht mehr bezahlen, so dass immer weniger und immer weniger qualifizierte Mitarbeiter die gleiche Arbeit machen müssen.

Auch bei den Zeitungen ist zu spüren, dass die Zeitungen immer dünner werden und auch hier leider die Qualität der Informationen immer mehr abnimmt. Denn nun sind die Zeitungen – auf Grund der Einbußen bei den Werbeeinnahmen – dazu gezwungen, sich über die Einnahmen durch den Verkauf zu finanzieren. Dies ist aber heute nur möglich, wenn mit den Themen, den Bildern und der allgemeinen „Aufmachung" der Zeitung die breite Masse der Rezipienten angesprochen wird. Doch diese lässt sich leider nicht durch hochwertige Berichterstattung, sondern durch „Klatsch und Tratsch" überzeugen.

Auf lange Sicht werden dadurch viele Medien leider ihr Angebot einstellen müssen, so dass sich die allgemeine Medienvielfalt und die Qualität der Medien sehr stark verringern wird.

4.3 Auswirkungen von Werbeverboten – Für andere Branchen

Doch die finanziellen Einbußen werden nicht nur Folgen für die Medien direkt haben, sondern auch für viele weitere Branchen. In erster Linie werden selbstverständlich die Branchen betroffen sein, die keine oder nur noch eingeschränkte Werbung betreiben dürfen. Sie werden es zum Beispiel schwer haben, neue Produkte auf dem Markt einzuführen oder generell die Konsumenten von der Qualität ihrer Produkte zu überzeugen, wenn sie gar nicht mehr für ihre Produkte werben dürfen oder ihnen vorgegeben wird, mit welchen Eigenschaften sie werben dürfen.

Doch vor allem werden auch in den mediennahen Branchen – *allein die Druckindustrie ist zu zwei Dritteln vom Werbegeschäft abhängig*[12] – und in der Werbewirtschaft selbst im Laufe der Zeit die Umsätze geringer werden und daher werden einige Arbeitsplätze gestrichen werden müssen.

Das wiederum hat dann auch langfristig Auswirkungen auf die allgemeine Wirtschaftslage. Die Arbeitslosenzahlen werden steigen und aus weniger Arbeitsplätzen folgt ein geringeres wirtschaftliches Involvement der Bevölkerung. Daher wären solche Werberegulierungen auf Dauer schädlich für die gesamte Wirtschaft.

5 Fazit

Darf dem Medien- und Kommunikationsbericht der Bundesregierung 2008 geglaubt werden, so sind Sorgen wegen zukünftiger Werbeverbote unberechtigt. *Sachlich nicht gerechtfertigte Werberegulierungen sind einem qualitativ hochwertigen Medienangebot abträglich. Die Bundesregierung lehnt daher die Einführung weiterer Werbeverbote auf europäischer und nationaler Ebene ab.*[13] Ganz im Gegenteil, die Bundesregierung will sich zukünftig sogar für die Werbung in Privatsendern einsetzen: *Es ist daher auch aus Sicht der Bundesregierung ein anerkennenswerte Interesse der privaten Rundfunkanbieter, durch verbesserte Werberegelungen mehr Einnahmen erzielen zu können. Die Bundesregierung leistet deshalb mit den ihr zur Verfügung stehenden politischen Mitteln einen Beitrag, um die Bedingungen für die privaten Rundfunkanbieter zu verbessern.*[14]Zusätzlich finde ich den Vorschlag des Zentralverbandes der Deutschen Werbewirtschaft sehr gelungen, dass Wirtschaftsunternehmen zukünftig *ihre Werbung vor Veröffentlichung in den Medien vom Zentralverband der deutschen Werbewirtschaft (ZAW) auf ihre Vereinbarkeit mit selbstdisziplinären Regeln und Rechtsvorschriften prüfen lassen*[15] können. So können Schäden auf Grund nicht eingehaltener Regeln und Gesetze vorab vermieden werden.

---

[12] Zentralverband der Werbewirtschaft: Schwarzbuch Werbeverbote; Bonn 2002, S. 26

[13] Der Beauftragte der Bundesregierung für Kultur und Medien: Medien- und Kommunikationsbericht der Bundesregierung 2008, S. 214

[14] ebd, S. 178

[15] http://www.zaw.de/index.php?menuid=98&reporeid=569, 17.05.2009, 17.23 Uhr

Ich denke das eigentliche Ziel der Werbeeinschränkungen und -verbote – der Verbraucherschutz (vor allem der Gesundheit) – ist ein sehr ehrenwertes. Dabei muss allerdings beachtet werden, dass die Regierung ihre Kompetenzen dabei nicht zu sehr ausnutzt. Außerdem sollten die Prioritäten unbedingt abgewägt werden, denn Werbeverbote können den Verbraucher auf der einen Seite zwar möglicherweise schützen davor, zu etwas überredet zu werden. Andererseits werden aber auch die (neutralen) Informationsmöglichkeiten der Hersteller für die Konsumenten eingeschränkt. So sollten die Menschen vor irreparablen (vor allem gesundheitlichen) Schäden wirklich durch Werbeverbote geschützt werden. Sind es allerdings Schäden, denen anderweitig – beispielsweise durch eine bessere Informationspolitik – entgegenzuwirken ist, sollte hier eine Reglementierung ausreichend sein. Außerdem schaden derartige Werbeverbote auch der Wirtschaft drastisch. Besonders angesichts der derzeitigen wirtschaftlichen Lage sollten die Diskussionen über Werbeverbote daher möglicherweise erst einmal zurückgestellt werden. Das Thema ließe sich noch stark ausweiten, doch habe ich in dieser Arbeit nicht die Möglichkeit dazu.

6 Literaturverzeichnis

Der Beauftragte der Bundesregierung für Kultur und Medien, Medien- und Kommunikationsbericht der Bundesregierung 2008

Seebohn, Joachim: Gabler Kompakt-Lexikon Werbepraxis, 3. Auflage, Wiesbaden 2005

Heilmittelwerbegesetz

http://eur-lex.europa.eu/LexUriServ/LexUriServ.do?uri=OJ:L:2007:332:0027:0045:DE:PDF,

http://www.fachverbandwerbung.at/de-service-werbebeschraenkungen.shtml#alkoholneu,

http://www.welt.de/politik/article2143690/Gruene_fordert_Werbeverbot_fuer_Suessigkeiten_im_TV.html

http://www.zaw.de/index.php?menuid=80

http://www.zaw.de/index.php?menuid=98&reporeid=569

http://www.zaw.de/index.php?menuid=107

Staatsvertrag zum Glücksspielwesen in Deutschland

Zentralverband der Werbewirtschaft: Schwarzbuch Werbeverbote; Bonn 2002

BEI GRIN MACHT SICH IHR WISSEN BEZAHLT

- Wir veröffentlichen Ihre Hausarbeit,
  Bachelor- und Masterarbeit

- Ihr eigenes eBook und Buch -
  weltweit in allen wichtigen Shops

- Verdienen Sie an jedem Verkauf

Jetzt bei www.GRIN.com hochladen und kostenlos publizieren